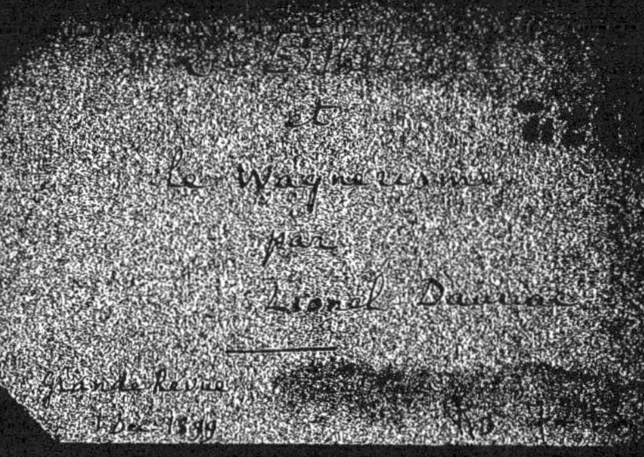

et
le Wagnérisme
par
Lionel Dauriac
Grande Revue
1er Déc. 1899

3e Année — N° 12 — 15 Décembre 1899

La Grande Revue

LE VOLUME — 3e LIVRAISON

PARIS
14 RUE DE GRENELLE 14
1899

La Grande Revue

LA PLUS IMPORTANTE REVUE MENSUELLE

Rédacteur en chef :

Fernand LABORI

CONDITIONS D'ABONNEMENT

	UN AN	SIX MOIS	TROIS MOIS
SEINE & SEINE-ET-OISE	30 fr.	16 fr.	8 fr.
DÉPARTEMENTS	33 fr.	17 fr.	9 fr.
ÉTRANGER	36 fr.	19 fr.	10 fr.

PARIS — 11, rue de Grenelle, 11 — PARIS

La traduction et reproduction est interdite dans tous les pays,
y compris la Suède, la Norvège et la Hollande.

La Grande
Revue

Paraît le 1er de chaque mois

LA GRANDE REVUE est la plus importante revue mensuelle
de langue française.

Le succès rapide et considérable qu'elle a obtenu s'explique par le soin
exceptionnel de sa composition, par le choix de sa collaboration confiée aux
meilleurs écrivains, par sa haute indépendance de toute école littéraire et
enfin par sa **périodicité mensuelle**.

Les annonces sont reçues aux bureaux de la GRANDE REVUE.

L'ESTHÉTISME

ET

LE WAGNÉRISME

Si l'art de Richard Wagner est en même temps la plus complexe et la plus complète des formes d'art qui aient jamais été tentées depuis que l'homme existe, il est impossible que l'influence de Richard Wagner se soit partout exercée dans le même sens. Depuis Richard Wagner, il n'est pas de musicien qui ne wagnérise. M. Reyer et M. Massenet sont assez loin d'écrire une même langue : ils wagnérisent l'un et l'autre pourtant. Et l'auteur du *Roi d'Ys* lui aussi wagnérisait. Et M. Alfred Bruneau ne fait presque pas autre chose. Ainsi les musiciens wagnérisants peuvent suivre le même maître et, quand même, ne se point ressembler.

Il y a plus. Pour se dire wagnérien, il n'est nullement indispensable d'être musicien : j'entends que l'on peut être disciple du maître, ou se prétendre tel, sans avoir jamais noirci une seule portée : il suffit que l'on soit peintre ou sculpteur, ou poète, ou encore esthéticien philosophe, ou même tout simplement... esthète. Mais c'est mal dire : « tout simplement » ; car l'esthète de nos jours est tout le contraire d'un être simple, et sa définition échappe assez ordinairement à ceux qui la poursuivent. Nous essaierons toutefois. Et s'il nous est donné de réussir, nous en profiterons pour montrer non pas peut-être en quoi l'influence directe de Wagner s'est

fait sentir sur « l'esthétisme », mais pour quelles raisons —
sérieuses ou simplement spécieuses — ils se rattachent à
l'école du « maître de Bayreuth ».

Notre recherche comportera trois parties. Tout d'abord il
nous faudra définir l'esthète, lui faire la chasse, ainsi que
Platon, dans un mémorable dialogue, fait la chasse au sophiste.
Platon essaie de le définir, s'imagine l'avoir défini ; puis,
comme si le sujet venait de fuir ou de se métamorphoser subi-
tement, il le définit encore et incessamment, si bien que quand
il s'arrête on se demande s'il est au bout de sa course ou s'il
est las de courir.... Nous tâcherons de ne pas nous arrêter en
chemin.

Une fois l'esthète à peu près défini, une fois que l'analyse
nous aura dévoilé ses états d'âme les plus ordinaires, nous
nous interrogerons sur le genre d'émotions que l'art de Richard Wagner a coutume d'éveiller chez ses adeptes et non
pas seulement chez les plus fervents, car la ferveur n'est rien
si la fidélité ne l'accompagne. Rien n'est facile comme d'admirer Richard Wagner à contre-sens. Et si tel a été notre lot,
à nous autres Français, si, comme M. Camille Saint-Saëns osait
l'affirmer récemment, nous sommes victimes d'une sorte d'illusion chaque fois que nous entreprenons d'expliquer Wagner
et de justifier l'admiration qu'il nous inspire ; peut-être entre
l'esthétisme et le wagnérisme les affinités seront-elles plus
faciles à imaginer qu'à découvrir.

Ce n'est pas tout de déjouer une illusion. Pour la dissi-
per il ne suffit pas toujours de la reconnaître, il faut encore
expliquer d'où elle vient. Notre initiation au wagnérisme s'est
faite, si l'on peut dire, à contre-voie. Richard Wagner est tout
autre chose qu'un compositeur. Et c'est le compositeur que
nous avons connu et admiré tout d'abord. Même en nous
exprimant au passé, nous nous donnons le change. Et l'on aura
beau nous apprendre quelles furent les visées du musicien-
poète, qu'à ses yeux l'émotion musicale ne doit jamais naître
isolée de l'émotion dramatique et que celle-ci doit servir à
éveiller l'émotion morale, nous resterons demain ce que nous
étions hier, et nous continuerons d'aller même à Bayreuth en
amateurs et en dilettantes. Et c'est aux esthètes que, en fin de
compte, le dernier mot restera. Nous essaierons, dès lors,

d'expliquer, dans une troisième partie, les raisons qui leur promettent gain de cause.

I

Qu'est-ce qu'un esthète? C'est un analyste, c'est un « abstracteur » de sensations d'art. Qu'est-ce qu'une sensation d'art? C'est la sensation esthétique pure dépouillée de toute sensation ou émotion adjacente. Il est donc des émotions adjacentes au plaisir esthétique, avec lesquelles on le confond, et rien n'est plus difficile à dégager qu'un plaisir de cette espèce? Peut-être. Et c'est ce dont, chemin faisant, nous tâcherons de faire la preuve.

Un esthète est, avant toute chose, un chercheur de sensations. — Alors un esthète est un viveur? — Il est très certain que le terme « viveur » est l'un des mieux faits de notre langue. Le viveur est un joueur au sens plein du terme, un homme qui joue avec la vie, qui, non content de prendre son plaisir où il le trouve, emploie son temps à se créer des jouissances inédites. Si donc le viveur n'est ni un lourdaud — ce qu'il a bien des chances de ne pas être, — ni un pur frivole — ce qu'il lui est un peu plus difficile d'éviter, — il sera esthète par occasion.

— Par occasion? Autant dire par accident et comme sans y prendre garde. Notre premier essai de définition n'est décidément pas heureux. Cherchons encore.

Nous vivons, paraît-il, dans le siècle de l'esthétisme : mais nous vivons aussi dans le siècle de l'analyse à outrance, de l'analyse « cruelle » pour me servir d'un terme à la mode. Il serait peut-être d'une bonne méthode d'essayer de définir l'esthétisme par « l'analysme », passons-nous ce nouveau terme en *isme* qui d'ailleurs rime avec barbarisme et donnons-lui provisoirement l'hospitalité.

L'« analyste » n'est pas seulement un être qui regarde en lui-même pour enregistrer ce qu'il saisit au passage: Ce serait là, j'imagine, l'indice d'une bien médiocre sagesse que de ne jamais descendre au-dessous des premiers plans. L'analyste n'est pas un observateur pur. Il a regardé travailler l'anatomiste : il lui a emprunté l'art de faire des coupes. Et ce qu'il

tente sur l'âme du voisin ou sur son âme propre simule à s'y
méprendre ce qu'on appelle une préparation anatomique, avec
cette différence toutefois — et elle est loin d'être négligeable,
— c'est que la matière d'une préparation anatomique reste
inerte puisque toute vie en a disparu, tandis que la matière
préparée par nos modernes anatomistes d'âme reste vivante.
Du moins on y observe des mouvements qui attestent et la
mort imminente et la volonté de ne point mourir. De là vient
cette épithète de *cruelle* dont certains analystes ont cru devoir
eux-mêmes gratifier leurs préparations.

Faisons un pas de plus. Imaginons — et la chose nous
serait au besoin rendue facile par maint exemple — imaginons,
dis-je, qu'on ait acquis l'art de pratiquer des coupes dans ses
propres émotions, dans celles que l'on éprouve en présence
d'un tableau, d'une statue, d'un morceau de poésie ou de musique, et qu'on soit arrivé à « préparer » une sensation d'art
de la même manière que le chimiste réussit à « préparer » de
l'oxygène : ne sera-t-on point justement candidat au titre
d'esthète?

Mais qu'est-ce que préparer une sensation d'art et qu'est-ce
qu'une sensation d'art? Peut-être le saurions-nous vite si nous
ouvrions le recueil d'un de nos poètes tout à fait contemporains, d'un de nos morts d'hier : nous le saurions peut-être
mal. Ce qu'on sait le mieux n'est-il pas le plus souvent ce qui
demande quelque peine à se laisser découvrir?...

Voici des gens autour d'une table. L'un d'eux lit à haute
voix... le *Lac*, oui *le Lac* de Lamartine. Dans l'assistance les
larmes coulent. Que prouvent ces larmes? Que l'on a aimé,
que l'on pleure ou son amante morte, ou même simplement
son amour défunt? Est-il pourtant nécessaire d'avoir aimé tra-
giquement ou douloureusement pour être charmé par les vers
du *Lac*? Voici ce que nous voulons dire : même sans se représenter les états d'âme non point soulignés mais esquissés,
parfois simplement indiqués par le poète, n'est-il pas possible
d'admirer ce chef-d'œuvre? Et ce chef-d'œuvre, par quoi en
est-il un? Est-ce par l'inédit de l'observation morale? Mais il
est à peu près impossible de dégager de ce poème une vérité
morale ou psychologique qui ne soit point une vérité banale.
La beauté du poème est ailleurs : et si l'on osait prétendre

qu'elle réside dans la beauté du paysage décrit on ne dirait
encore que la moitié de la vérité, et la moitié la moins importante. Car ce qui fait précisément la beauté du *Lac*, ce n'en
est ni le « fait divers » ni la cause occasionnelle; ce n'en est
point davantage le tableau, ce sont les harmonies intérieures
dont ce tableau détermine la résonance. Il faut bien convenir
qu'ici les mots inévitablement vont nous manquer. Il faut
reconnaître, d'autre part, qu'en dépit de cette résistance du
verbe à exprimer ce que nous souhaiterions lui faire rendre,
derrière ces termes fort imparfaits « d'harmonie intérieure »
il est une réalité dont, si la connaissance véritable nous
manque, et si la conscience nous en reste obscure, cette conscience est loin d'être nulle[1].

Eh bien, supposez qu'en lisant *le Lac* nous soyons capables
de nous détacher en quelque sorte et des mots et des images
visuelles éveillées par les mots, et que nous soyons unique-
ment attentifs à ces harmonies intimes dont le sentiment, sans
rien perdre de son imprécision, s'exalte au fur et à mesure que
la lecture s'achemine vers la dernière strophe, que restera-t-il
dans notre conscience, sinon, précisément, la « sensation
d'art » ? Et le terme « sensation » est loin d'être inexact puisque
c'est en nous, j'entends dans notre être physique que se réalise
l'accord dont il vient d'être parlé. On n'est guère préparé, dans
le public, même dans le grand public, à entendre dire au psy-
chologue que les sentiments esthétiques ont le corps pour
siège. On admet bien — et l'on y est contraint par la plus
banale évidence — que la sensation est le véhicule de l'émotion esthétique. Mais s'il faut que cette émotion ne soit rien
de plus que la conscience d'un état de notre système ner-
veux, ou de notre circulation sanguine, on juge, du premier

[1] On hésite à définir cette expression. Qu'est-ce, en effet, qu'une « harmonie
intérieure? » On le sait mal. Pourtant chaque fois que cette harmonie est
troublée, non seulement on en a conscience mais encore on se rend compte
du conflit qui en est la cause. On s'aperçoit de la difficulté avec laquelle
s'ordonnent les séries de nos représentations et qu'elles sont tenues en échec
par des représentations antagonistes. On sent la contradiction et de plus, on
l'aperçoit, et l'on se juge en désaccord avec soi-même. Ainsi arrive-t-il dans
les moments où l'on ne sait pas ce que l'on veut, ou l'on ne sait pas s'il faut
rire ou pleurer. Que ces moments passent, l'état d'harmonie reparaît, et il
suffit d'en exalter la conscience pour déterminer une émotion durable, pro-
fonde, pleine. Il est à noter que ces trois épithètes conviennent à la langue
des sons.

coup, la thèse exorbitante et on la repousse. Peut-être oublie-
t-on qu'on n'est jamais ému sans éprouver une sorte de trem-
blement, et que si l'on ne se voit point trembler, c'est que la
vue ne pénètre pas à l'intérieur du corps. Le sens visuel n'a
rien à nous apprendre, mais le sens interne nous avertit.
Quelque chose en nous « remue ». Et ce n'est point là une
métaphore. Ce n'en est point une non plus que celle qui con-
siste à se prétendre captivé, « envahi » par le charme. Avec un
peu d'attention, il ne serait pas impossible de tracer la ligne
d'invasion, ni même d'en déterminer le sens. La secousse
peut être longitudinale, elle peut partir de la tête pour se
diriger vers la région précordiale. D'autres fois elle s'y arrête
et s'y termine. D'autres fois on est « pris aux entrailles ». Le
mot est de Molière, et rien ne prouve que la soi-disant com-
paraison de Molière ne soit pas une observation, une consta-
tation véritable. Bref, nous osons croire à la localisation non
pas en un « point », mais en une « partie » du corps, des sentiments esthétiques. Et c'est par où le terme : *sensation d'art*
mérite d'être pris au pied de la lettre.

Ne quittons pas encore Lamartine. Et si notre exemple
paraît négligemment choisi, n'oublions pas « ces rameurs »
dont les rames « frappaient en cadence les flots harmonieux »,
et que cette dernière épithète qu'on eût cru jadis être là pour
la rime, a une fonction tout autre. Pour que, de nos jours, le
nom de Lamartine ait été remis en grand honneur, il faut précisément que nos contemporains lui aient reconnu le don
d'être spontanément attentif aux moindres bruits de la nature
et de l'âme. Il se connaissait ce don puisqu'il lui arriva de
donner le titre d'*Harmonies* à l'un de ses livres, mais il en usait
avec une discrétion telle qu'ayant atteint l'extrême vieillesse,
il mourut admiré, glorieux, mais partiellement incompris,
puisque, de son vivant, ceux qu'il savait attendrir étaient plus
sensibles à la fluidité de sa langue qu'à la profondeur et l'on
aimerait pouvoir dire l'*intériorité* de son verbe.

Souvent donc l'on admire à faux. Très souvent, le plus souvent même, on admire à côté. On est ému par une œuvre d'artiste sans l'être artistement, esthétiquement. Comment cela
est-il possible? Le problème n'est pas d'hier. Mais c'est peut-
être le lieu d'en faire un examen nouveau. Car si nous com-

mençons à ne plus ignorer ce qu'une « sensation d'art » pourrait bien être, nous l'ignorerons moins encore, à coup sûr,
quand nous aurons « pratiqué des coupes » dans les plaisirs
dus à l'œuvre d'art, quand nous serons parvenus à montrer
que dans la plupart de nos sentiments esthétiques, il entre
des éléments étrangers au plaisir du beau proprement dit. Allez
au Musée du Louvre un dimanche et vous réussirez sans trop
de peine à vous donner cette preuve. Il est à ce point de vue dans
l'*Assommoir* des pages significatives. Mais qu'il s'agisse de la
noce de Coupeau devant *la Kermesse* ou simplement d'un
groupe de conscrits ou de petits bourgeois devant *le Radeau
de la Méduse*, c'est tout de même. Le sujet seul occupe le
spectateur. Et le spectateur est ému par les détails du sujet
comme il le serait par les détails d'un fait réel. Essaiera-t-on
de qualifier cette émotion-là d'esthétique ?

Acceptons la thèse. N'en apercevons-nous pas aussitôt les
conséquences ? Toute chose qui émeut et n'est pas arrivée, par
cela seul qu'elle n'est pas arrivée, ou n'est point considérée
comme telle, sera donc virtuellement esthétique ! Mais au
nombre des choses qui arrivent, il en est une multitude qui ne
nous touchent point, dont le contre-coup nous est indifférent.
Et alors, qu'elles soient arrivées ou non, il n'importe guère à
l'émotion ressentie. A coup sûr, l'émotion est réelle, elle est
vive ; les traits se contractent, la parole s'arrête ou se précipite
selon les circonstances et selon les individus.... Mais de quelle
émotion parlons-nous ? De celle que nos gens éprouvent en
présence d'un accident de la rue ou à la représentation d'un
drame fécond en catastrophes ? Nous ne saurions dire, car
précisément si la chose ne les atteint pas, si ce n'est pas à eux
qu'elle arrive, toute différence entre les deux genres d'émotion s'efface, puisque l'homme sans culture n'aime le drame
qu'en raison même des illusions dont il lui plaît d'être la
dupe. Que la scène principale d'un drame de Dennery se passe
à l'Ambigu ou hors du théâtre, sur la place de la République,
l'émotion ressentie sera la même. Et ce ne sera certes point
une émotion d'art.

Changeons de théâtre et de spectateurs : la conclusion ne
changera guère. En effet que nous soyons au Vaudeville, au
Gymnase, à l'Odéon ou à la Comédie-Française, ne pourra-t-il

pas nous arriver d'être émus par un spectacle comme nous le serions par des événements analogues et véritables, mais tels que le cours de notre vie quotidienne ne s'en trouverait pas affecté? Les émotions ressenties seraient assurément d'une qualité moins banale puisqu'elles seraient en grande partie le résultat d'une culture intellectuelle plus riche et par là même plus rare. Mais cette différence dans la qualité de l'émotion suffirait-elle pour la promouvoir au rang d'émotion esthétique?

Et la question est inévitable : qu'est-ce qu'un sentiment esthétique? Et pour y répondre il n'est vraisemblablement que deux voies à suivre. Ou bien qualifier d'esthétique tout plaisir ou toute douleur éveillée par l'imitation d'un objet ou d'un événement; ou bien raréfier le genre au point de le concentrer dans une seule de ses espèces, et renoncer de définir le sentiment esthétique par sa cause, c'est-à-dire, après tout, par un de ses éléments extrinsèques. De part et d'autre on courra des risques : ici, de substituer à la définition de l'effet celle de sa cause et par conséquent de commettre un sophisme; là, de soumettre l'éveil de la jouissance esthétique à des conditions tellement exceptionnelles que la plupart des hommes s'en trouvera privée.

Aussi s'explique-t-on le parti auquel s'est arrêté l'un des plus hardis représentants de l'esthétique contemporaine : M. Guyau ne voulait point que les jouissances du type esthétique fussent le lot d'une minorité[1]. Il combattait les partisans de l'art pour l'art, c'est-à-dire, après tout, de l'art pour la sensation d'art. Et il ne lui déplaisait pas de tenir pour esthétique tout sentiment déterminé par la lecture d'un poème, la vue d'un paysage, l'audition d'une symphonie. Bref il eût découragé l'effort d'analyse de ceux qui voudraient obtenir la jouissance esthétique à l'état pur et la dépouiller de toute émotion adjacente.

Quelles sont ces émotions adjacentes? Celles dont la mémoire ou l'imagination reproductrice est ordinairement la source, celles qui naissent du plaisir de la reconnaissance. On sait que ce plaisir-là, Boileau le jugeait légitime. Il lui a

---

1. Cf. *l'Art au point de vue sociologique*, 1 vol. in-8 de la Bibliothèque de Philosophie contemporaine. Paris, Félix Alcan.

même marqué sa place. Il avait d'ailleurs, pour ce faire,
mainte fort bonne raison. Car si l'on songe à l'office de la
mémoire et que cet office est double[1], on ne tardera guère à
s'apercevoir que le plaisir dû à l'exercice de la mémoire est
un plaisir produit par un véritable jeu. Le souvenir, sauf dans
tous les cas où l'on se sert de sa mémoire pour prévoir l'ave-
nir et l'organiser, — et ces cas d'ailleurs sont de beaucoup
les plus nombreux dans la vie de chaque jour, — qu'est-ce
autre chose que jouer avec son propre passé? Admettons,
dès lors, qu'il entre quelque chose d'esthétique dans le plaisir
inséparable de l'exercice de toute fonction mentale, et non
pas seulement de la mémoire. Convenons toutefois que si le
plaisir esthétique est là, il n'y est qu'à son degré le plus
infime et tel que non seulement l'homme, mais encore le ver-
tébré supérieur, est capable de le ressentir.

Nous commençons à mieux discerner ce que n'est pas, ce
que ne peut pas être la sensation d'art. Nous avons éliminé
les plus importantes des thèses fausses. Et si nous étions en
état de donner les formules des thèses restantes, nous trouve-
rions, par la méthode dite des résidus, la définition cherchée.
Mais ce sont, précisément, ces formules qui nous échappent.
La sensation d'art, dirons-nous, c'est, par exemple, ce qui
détermine l'émotion d'un Paul Bourget lisant une page des
frères de Goncourt. La sensation d'art, dirons-nous encore,
c'est ce qui a déterminé Murillo à représenter son mendiant.
Ce n'est point la pitié, car ce n'est point une réflexion morale
qui a suscité son émotion esthétique. C'est un effet de lumière,
c'est une alternance de parties éclairées et de parties obs-
cures....

Inutile de poursuivre parce que nous sommes bien près
d'avoir compris. Mais nous sommes sur le terrain du peintre.
Il faudrait le quitter et nous porter sur celui du poète. Nous
dirions alors que si le poète sait trouver des mots pour
décrire des effets analogues aux effets rendus par le peintre,
il fera naître en nous la sensation d'art. Et nous l'appelle-
rons ainsi de plein droit, car il faut avoir des yeux d'artistes
pour y être accessible. Et cette sensation peut naître à propos

1. D'abord se rappeler ce qui fut, ensuite prévoir ce qui sera.

de tout. J'en atteste cette « eau-forte » due à l'auteur des
Poèmes saturniens :

> La nuit. La pluie. Un ciel blafard qui déchiquette
> De flèches et de tours à jour la silhouette
> D'une ville gothique éteinte au lointain gris.
> La plaine. Un gibet de pendus rabougris
> Secoués par le bec avide des corneilles
> Et dansant dans l'air noir des gigues non pareilles
> Tandis que leurs pieds sont la pâture des loups,
> Quelques buissons d'épine épars, et quelques houx
> Dressant l'horreur de leur feuillage à droite, à gauche,
> Sur le fuligineux fouillis d'un fond d'ébauche.
> Et puis, autour de trois livides prisonniers
> Qui vont pieds nus, deux cent vingt-cinq pertuisaniers
> En marche, et leurs fers droits, comme des fers de herse
> Luisent à contre-sens des lances de l'averse.

Et le dernier vers achève ce curieux « effet de nuit ». Car
ce n'est pas autrement que cela s'appelle. Et ceux à qui ce
poème plaît ont très certainement des yeux de peintre. Mais
leur attribuerons-nous avec autant d'assurance une âme de
poète ? On en disputerait facilement. Et les raisons plausibles
ne manqueraient d'aucun côté. Ne pourrait-on pas soutenir, et
cela sans vouloir aucunément jouer à l'avocat, que d'avoir
noté cette double... luisance (comment essayer d'un autre
terme ?) des fers de la cavalerie et des « lances de l'averse »,
c'est le fait d'une sensibilité à l'affût des sympathies mysté-
rieuses qui peuvent occasionnellement rapprocher non pas
précisément les choses mais les phénomènes d'espèces les plus
disparates ? Et volontiers nous dirions qu'une telle sympathie
n'a rien d'illégitime et nul ne se ferait prier pour reconnaître
qu'elle est exclusivement esthétique. Pour cette fois nous
avons la sensation d'art à l'état pur et dégagée de tout accessoire hétérogène.

II

Si telle est la sensation d'art, il est assez difficile de comprendre, à première vue tout au moins, par où le wagnérisme
favorise les dispositions d'esprit et de sensibilité propres à
l'esthète. Même que le wagnérisme soit aux antipodes de
l'esthétisme, on aurait beau jeu à en essayer la preuve. Car

si l'esthète est un chercheur de sensations et par là même de sympathies et d'harmonies inédites entre les choses, ou plutôt, entre les effets produits par les choses, il faut reconnaître que là où la recherche aboutit, elle fait naître l'émotion agréable; mais une telle émotion, en dépit, — je me trompe, — en raison même de sa vivacité, ne peut coexister avec d'autres. Supposez, par exemple, qu'il arrive au lecteur d'*Effet de nuit* de songer moins « aux gigues non pareilles » des cadavres, qu'à leur état de cadavre, et au sort des pendus, l'émotion s'avive et l'angoisse opprime le cœur. Mais ce n'est plus de l'émotion esthétique. Car ce genre d'émoi se gagne d'autant plus qu'on a l'âme meilleure. Et la bonté de l'âme n'est point partout en raison directe de l'aptitude aux sensations d'art.

Or cela revient à dire que les œuvres propres à éveiller de telles sensations ne sont guère de celles que goûte le public. Elles sont destinées à faire les délices de quelques amateurs, non à faire jaillir ces flots de joie par lesquels l'artiste soulève une foule. Ce n'étaient point des sensations d'art qui faisaient battre les poitrines de toute l'assistance, il y a trois ans, au grand théâtre de Munich, pendant la dernière scène des *Maîtres Chanteurs* et le dernier grand récit de Sachs. Ce n'était même point la musique que la foule applaudissait principalement. C'était le manifeste du vieux poète nurembergeois, c'était plus encore. Hans Sachs parle au nom de Wagner et quand il plaide en faveur d'un art national, c'est pour Richard Wagner qu'il plaide. Et les spectateurs ne s'y trompaient nullement. C'était donc le sujet, le fond même de ce sujet qui les intéressait par-dessus toute chose. Et l'on applaudissait sous l'influence d'un sentiment très voisin du patriotisme. Nous voilà donc à l'extrême opposé du dilettantisme, de l'esthétisme et de la sensation d'art !

Et c'est ainsi que Richard Wagner exige qu'on lise ou qu'on écoute ses drames. On nous l'a dit, et très récemment, et dans un livre écrit et pensé par un maître[1], Richard Wagner, s'il n'est point de la famille des métaphysiciens et des philosophes, est très certainement de la race des penseurs et des moralistes. Chaque fois qu'il pensait à son œuvre, il

1. Cf. HENRI LICHTENBERGER, *Richard Wagner, poète et penseur*. Paris, Alcan, 1898, un vol. in-8 de la Bibliothèque de Philosophie contemporaine.

la considérait comme une œuvre de bienfaisance et, ne recu-
lons point devant le terme, de rédemption. Du *Hollandais
volant* à *Parsifal*, en traversant *Tristan et Yseult* et sans oublier *les Maîtres Chanteurs*, la même idée hante le poète et
lui impose, sinon absolument le choix, du moins la distribu-
tion de ses sujets. Nous ne saurions discuter ici dans quelle
mesure l'homme qui s'apparaît à lui-même sous les traits
d'un bienfaiteur des hommes et d'un régénérateur des âmes,
reste d'accord avec la tâche en quelque sorte providentielle
dont il se croit investi en faisant métier d'artiste. Qu'il y ait
un apôtre dans tout grand artiste, tous les grands artistes
l'ont prétendu. Croyons-les donc sur parole et qu'entre leurs
idées générales sur l'art et les idées d'un Guyau, d'un Tolstoï
et d'un Proudhon les différences n'importeraient guère. La
fonction sociologique ou la destination sociale de l'art est,
à leurs yeux, une sorte de dogme intangible. Et là-dessus
Wagner s'est nettement prononcé. Souvenons-nous de l'enthousiasme avec lequel il accueillit la doctrine de Schopen-
hauer, et qu'à la clarté du dogme philosophique développé
dans le *Monde en tant que volonté et représentation*, il se rendit
un compte plus exact de ses propres pensées. Wagner venait
d'achever *la Tétralogie* quand il lut *Le Monde*.., etc., et c'est
après l'avoir lu qu'il prit conscience de son pessimisme. En
lui le poète avait devancé le penseur et l'intuition avait pré-
cédé la réflexion. C'est qu'aussi bien le penseur qu'est Richard
Wagner n'a jamais fait tort à l'artiste. Et pour ne lui point
faire tort il faut que la réflexion du penseur s'éveillant à propos de l'œuvre d'art attende, pour s'éveiller, que l'œuvre ait
tout au moins commencé de naître. C'est après avoir produit
sa Brünnhild qu'il a pénétré dans l'âme de son héroïne et qu'il
a compris le sens profond de son dévouement, non pas seulement à Siegfried mais à l'humanité tout entière. On dirait que
dans l'imagination de Richard Wagner les héros se forment
à la manière d'un organisme dans le sein d'un vivant. La mère
ne connaît l'enfant qu'elle porte qu'après que l'enfant s'est
détaché d'elle. Et Wagner n'a compris la signification profondément morale de son œuvre que le jour où il lui a été donné
de l'examiner du dehors. Il n'en reste pas moins que si
Wagner a écrit, c'est en vue d'améliorer et non simplement

de divertir. Ses œuvres ne sont qu'une œuvre en plusieurs étapes et cette œuvre est une action dans toute la force du terme. Je ne sais plus quel jeune wagnérien s'est avisé d'écrire qu'à Bayreuth, durant chacune des représentations, l'auditeur était absolument dépersonnalisé : que son moi s'identifiait au moi des personnages; qu'entre l'œuvre admirée d'une part, et la personne admirant, de l'autre, la fusion était complète. Retenons la formule et réfléchissons à tout ce qu'elle implique. La fusion de l'admirateur et de ce qu'il admire — parlons comme on parle chez les métaphysiciens — la fusion du sujet et de l'objet a lieu, n'en ayons doute, par la musique même. C'est elle qui nous délivre des liens de notre individualité pour nous faire revêtir, en tout ou en partie, celle des héros du drame. Mais ces héros ne sont point des abstractions. Ils ont vécu d'une longue vie dans les imaginations des peuples de race germanique. On conçoit, dès lors, quel peut être l'effet des représentations de Bayreuth sur une multitude de spectateurs allemands. Le caractère épique du génie de Wagner atteint là son plus haut degré d'efficace. Et la conscience de la solidarité nationale peut s'exalter dans chacun des assistants.

Vous savez la formule d'Auguste Comte : « L'humanité se compose de plus de morts que de vivants ». C'est qu'aussi bien de tous ces rêves éteints, nous les vivants, nous sommes les continuateurs, et le culte de l'humanité n'est pas autre chose que la réflexion sur cette continuité de l'espèce humaine et sur la petite part qui revient à chaque individu dans ce qu'il appelle assez improprement son œuvre. Je n'oserais affirmer que le but visé par Richard Wagner ait été atteint jusqu'au degré qu'il s'était proposé d'atteindre. Mais très certainement il voulait que les fêtes de Bayreuth fussent à la fois des fêtes nationales et religieuses où se célébrât le culte de la patrie. Il voulait émouvoir profondément mais en détachant les âmes de tout souci actuel et individuel. Et l'on doit convenir qu'un tel résultat n'est pas impossible, mais à une condition : c'est que l'on soit à même de se placer au centre de l'œuvre et de l'admirer comme l'auteur exigeait qu'on l'admirât. C'est que l'on en dégage ces impressions qui remplissaient l'âme du musicien poète alors qu'il travaillait à ses

chefs-d'œuvre. C'est que l'on demande à l'œuvre d'art un
refuge contre les misères de la vie.

N'est-ce pas ainsi que l'entendent nos modernes esthètes?
— Point du tout. Eux, ils demandent à l'œuvre d'art de leur
faire oublier les platitudes et les inévitables répétitions de
l'existence quotidienne : et ils se figurent les éviter, d'autant
plus qu'ils se retranchent de l'action. En cela, et nous avons
cent fois raison de le prétendre, ils rendent à la mémoire de
Richard Wagner le pire et le plus injustifié des hommages,
puisqu'ils entendent jouir en aristocrates, c'est-à-dire après
tout en égoïstes, des sensations d'art dont sa musique est
remplie.

Et c'est de quoi l'auteur de la belle et curieuse leçon sur le
symbolisme[1] n'a pas négligé d'avertir les intéressés. Car autre
chose est de vouloir que la peinture et la poésie empruntent
à la musique ses moyens propres d'expression ; autre chose
est de soutenir que pour donner à l'émotion esthétique toute
sa plénitude il faut appeler à y concourir tous les arts en-
semble : l'art du musicien, l'art du poète et même l'art du
peintre. Et alors que deviennent le symbolisme et l'esthétisme ? Est-ce que l'émotion ne naît pas, si l'on peut dire, des
entrailles mêmes du sujet, de son fond éternel ? Est-ce qu'elle
n'est pas produite par la vue des choses représentées, des
sentiments éveillés chez le spectateur et qui ne sauraient dif-
férer d'individu à individu, s'il est vrai toutefois que chacun
des assistants s'est complètement oublié pour devenir succes-
sivement chacun des héros de la tétralogie wagnérienne ? Et
ne sommes-nous point conduits par cela même aux antipodes
de la sensation d'art, s'il est vrai que cette sensation ne puisse
naître qu'à la suite d'une analyse aiguë et pour tout dire d'une
analyse abstraite ? Il se peut que la sensation d'art naisse à
l'occasion de choses qui arrivent, mais pour qu'elle naisse,
il faut savoir oublier quelles choses arrivent. La vieille com-
paraison de la tour d'ivoire n'a jamais été plus exacte que
depuis l'éclosion de l'esthétisme : et Richard Wagner n'a
jamais pensé ni écrit que pour en faire sortir ceux que leur
égoisme y avait exilés.

1. M. F. Brunetière, *l'Évolution de la Poésie lyrique*, t. II.

III

Toutes ces observations ont été abrégées parce qu'elles ne sont point neuves et qu'elles sont, d'ailleurs, on ne peut plus faciles à vérifier. On aurait pu citer des textes et montrer par de nombreuses citations qu'entre « l'esthétisme » et « l'esthétique » — telle que l'entendait R. Wagner — la similitude des sons prononcés pourrait bien recouvrir une opposition de sens. Mais on aurait prouvé l'inutile, je veux dire autre chose que ce qui est présentement en question. Car s'il est vrai que Richard Wagner n'a point voulu travailler pour les esthètes et les chercheurs de sensations d'art, il est incontestable qu'il les a tous, ou peu s'en faut, parmi ses admirateurs et ses disciples. C'est là un fait, et ce fait doit s'expliquer par des causes générales, inhérentes même, selon toute vraisemblance, à certaines parties de l'art wagnérien.

Nous avons tous eu connaissance — ce qui ne veut point dire que nous l'ayons tous lu — du *Cas Wagner*. Dans cette brochure, le fameux écrivain et très profond penseur Nietzsche semble démentir tout ce qu'il lui est arrivé d'affirmer sur le compte de son ancien maître. Les antiwagnériens ont lu le pamphlet avec enthousiasme. Et les wagnériens n'ont pas tous été assez aveugles pour méconnaître ce qui s'y trouvait de vrai. Nietzsche insiste sur le caractère pathologique de la musique de Wagner, sur l'hyperesthésie qu'elle développe dans l'organe de l'audition, sur les jouissances malsaines qu'elle procure à ceux qui, au lieu d'en souffrir sincèrement, s'évertuent à transformer leur malaise esthétique en une sorte d'état étrangement agréable.

S'il nous était permis d'insister sur les assertions de Nietzsche, nous nous interrogerions sur les causes morbides qui ont pu altérer sa sensibilité esthétique et le rendre incapable de jouir, en vrai wagnérien qu'il s'était figuré être tout d'abord, des beautés de « l'œuvre d'art intégral »[1]. Mais nous avons autre chose à faire. Et puisque les conditions dans les

---

1. C'est ainsi qu'on a coutume de traduire l'expression wagnérienne *Gesammtkunstwerk* qui signifie « une œuvre d'art à laquelle tous les arts concourent ».

quelles nous nous sommes trouvés initiés au wagnérisme sont
telles que nous n'avons pu en extraire, tout d'abord que des
sensations exclusivement musicales, essayons de nous expliquer les affinités reconnues par nos esthètes entre les sensations d'art et les sensations du type musical, telles qu'on les
éprouve à l'audition, je ne dis plus des œuvres, mais de la
musique de Richard Wagner écoutée les yeux fermés ainsi
que l'on écouterait une rêverie de Schumann, un « nocturne »
de Chopin, ou l'*Appassionnata* de Beethoven.

La musique de Wagner, isolée de toute action dramatique,
est assurément imprécise dans ce qu'elle suggère, mais elle
est indiscutablement suggestive. En raison même de la rupture
continuelle du tissu mélodique, de la persistance avec laquelle
la phrase, qui bientôt va disparaître, module et, par conséquent, glisse entre les doigts de toute main pressée de la
saisir, il est difficile que l'imagination de l'auditeur reste
silencieuse et que notre espace visuel intérieur continue de
rester vide. Il se meuble donc, cet espace imaginaire, mais de
formes mouvantes et indécises. Essayez d'appliquer le verbe
à ces formes. Cherchez dans le groupe des substantifs, vous
aurez grand'peine à en trouver un seul qui s'adapte à la forme
évoquée. Mais si vous allez chercher dans le groupe des
adjectifs, la recherche sera loin d'être infructueuse. Car ce que
notre imagination évoque, ce ne sont ni des personnes ni des
choses, ce sont des formes, des teintes, bref, c'est tout ce qui
s'exprime soit par l'adjectif, soit par les substantifs qui en
descendent, tels que « blancheurs », « rondeurs »..., etc.,
et autres noms de même origine. D'où résulterait peut-être
que l'homme apte à se délecter en lisant une page de Jules et
Edmond de Goncourt, s'il est accessible aux jouissances musicales, trouvera dans la lecture d'une page musicale de Richard Wagner un plaisir de même qualité, un de ces plaisirs
qu'on est heureux, paraît-il, quand on l'éprouve, de se dire
qu'on ne l'éprouverait point si l'on était de la race des gens
aux mains calleuses et malpropres.

Si maintenant l'on risquait à prétendre que le triomphe de
l'esthétisme aboutit presque inévitablement à l'émancipation,
soit même à l'apothéose de l'adjectif, dirait-on en vérité si
mal? Et l'on aurait des textes à son actif. Et à défaut de lignes

de MM. de Goncourt on pourrait invoquer des textes, ou de Verlaine ou de Mallarmé qu'avaient élu prince des poètes les jeunes d'aujourd'hui, désirant, j'imagine, moins décerner une récompense que publier une sorte de manifeste.

Et voici ce que sous-entendait cette préférence : c'est que la poésie n'est telle que par les impressions éveillées *à propos* des choses dont elle parle, nullement par ces choses mêmes. Dès lors si elle les exprime, c'est pour obéir à des lois qui lui sont étrangères. Car à quoi bon faire savoir au lecteur de quelle nature sont les objets dont les qualités nous émeuvent, du moment où cette nature n'est vraiment pour rien dans l'émotion ou l'impression qu'elle détermine? Soit, par exemple, une femme vêtue de blanc traversant en plein minuit une allée de cyprès. Le spectateur regarde et l'effroi le traverse. Mais d'où vient l'effroi? des images évoquées par la forme blanche en tant que forme blanche. Derrière cette forme il n'aperçoit rien. Ce qui l'effraie ce n'est point la chose perçue; ce sont les images de mort suggérées par la blancheur du suaire mouvant, ou si vous préférez, par la « blancheur mouvante ». Soyons attentifs à cette expression. N'est-il pas évident qu'elle est formée de deux adjectifs? Le terme *blancheur*, pour le grammairien, a rang de substantif. Pour celui qui, derrière le mot, cherche ce que le mot exprime, si ce terme n'est pas un adjectif au sens littéral du mot, c'est à tout le moins un « qualificatif ».

Il nous serait assez facile de montrer chez nos écrivains du jour et même chez quelques écrivains du temps les signes d'une prépondérance croissante de l'adjectif. Et la raison en est des plus claires. Tandis que le substantif a pour fonction d'éveiller l'intelligence, c'est à la sensation que l'adjectif s'adresse. C'est lui qui fait passer le substantif de l'abstrait au concret : c'est par lui que la chose nommée devient vivante.

Certes il y aurait toute une esthétique de l'adjectif à écrire, ou plutôt à extraire de nos écrivains des vingt-cinq dernières années. Je ne me demande pas ce que vaut cette esthétique d'un nouveau genre, ni si elle est née viable. Je ne veux savoir qu'une chose, c'est qu'elle est née, c'est qu'elle défend son droit de vivre, c'est que les poètes dont les vers « évoquent » sans « exprimer », s'ils font le désespoir des vieux font les

délices des jeunes. On me répliquera que ces jeunes suivent
la mode. Soit. Mais s'il est des modes déplaisantes, il n'en est
jamais d'absolument éphémères. Ce chapeau est laid, mais il
tient sur la tête. Cette robe a l'air d'une gaine; ce n'en est
pas moins une robe, et celles qui sont revêtues de ces robes
ne manquent ni de grâce dans leurs attitudes ni d'aisance
dans leurs mouvements. Et de même on peut critiquer les
vers à la mode, mais ceux qui la suivent mal commencent par
l'aimer avant d'y obéir, et quand on les écoute converser en-
semble on n'a nullement l'impression d'une tour de Babel. On
ne les comprend pas, c'est possible; mais à les entendre, il
est impossible de douter, ni qu'ils se comprennent, ni qu'ils
soient tous à peu près d'accord pour viser un but commun.

— Quel est ce but? Éliminer de l'œuvre d'art, et en particulier
de l'œuvre du poète, tout ce qui ne concourt pas directement
à l'impression et, par l'intermédiaire de celle-ci, à l'émotion.
De plus, et ceci importe au premier chef, essayer, en exprimant, de sous-entendre beaucoup plus que l'on exprime, et,
par suite, préférer les termes qui suggèrent à ceux qui dé-
signent : pourquoi? Si, d'une part, il est assez clair qu'une
émotion s'use à force de durer, l'expérience paraît bien avoir
établi, d'autre part, que la tendance à l'effacement ne s'éveille
pas tout d'abord. Il ne suffit pas de prolonger pour affaiblir :
nous aimons réentendre, nous aimons revoir. Nous sentons
germer et comme fermenter en nous des joies qui n'attendent,
pour s'épanouir, qu'un renouvellement d'excitation. C'est donc
que toute prolongation est loin de leur être fatale, et qu'en
faisant durer, on fait en même temps pénétrer. A une condition toutefois : c'est que ce qui recommence ou se prolonge
ne reste pas toujours le même, c'est qu'à chaque répétition
notre conscience s'enrichisse d'un contenu nouveau, j'oserai
dire d'une harmonique nouvelle. Autrement la répétition ou
la prolongation amènerait la satiété.

— En somme, nos esthètes du jour n'ont rien découvert en
psychologie. Ils ont seulement inventé une nouvelle manière
d'appliquer les lois existantes et même de les suivre de plus
près que leurs devanciers. Il y a sans doute beaucoup à leur
objecter sinon à leur reprocher. D'abord il n'est que trop
certain, la langue que l'on parle est ou paraît être privée de

ses organes essentiels : elle est démembrée, pis encore, désarticulée. Et les esprits lourds qui n'ont pas encore désaccoutumé de chercher à comprendre, se plaignent de n'y comprendre rien. — Il leur faut, répliquera-t-on, le français de Molière qui est aussi, ne leur en déplaise, le français de Monsieur Jourdain. — Mais ne faisons pas l'office du juge. Disons seulement ce que l'on veut chez les esthètes, sans trop nous demander dans quelle mesure on est fondé à le vouloir.

Or on veut précisément émouvoir au moyen des vers comme le musicien émeut au moyen des sons. « Mon âme voltige sur les parfums, écrivait Baudelaire, comme l'âme des autres hommes voltige sur la musique. » Et l'expression porte. Voler c'est traverser. Or on ne voit guère ce que l'on traverse, mais on en garde une impression. Les contours des objets se sont abolis si même ils ont eu le temps de se poser sur le souvenir, mais les teintes y ont laissé une empreinte plus durable. On ne peut définir par où l'on a passé ; mais de le qualifier en quelque manière il est loin d'être impossible. Que de fois n'a-t-on pas dit (et on le redira, et les raisons de le redire ne seront point toutes négligeables) qu'entre un logogriphe et une poésie de l'avant-dernier prince des poètes l'écart était généralement insensible ? Cela peut être, mais ce n'est peut-être point non plus de cela qu'il s'agit. J'entends que l'on a tort, si la phrase ou si le vers manque de substantifs, de vouloir les y réintégrer de force ; une poésie n'est pas un rébus. Dans le rébus il est des vides qu'il faut savoir remplir. Dans les premiers écrits de notre poète il n'y a point de problème posé à la représentation ou à la perception. Le verbe est évocateur d'impression, rien de plus : il faut dès lors que notre sensation l'accueille et qu'à la suite de la sensation l'imagination, ou, pour mieux dire, les tendances imaginatives s'éveillent, car il ne convient pas que l'imagination se meuve à la remorque de la pensée.

Il est une école de philosophie dont les adeptes ont pris le nom de « phénoménistes ». Dans cette école, on fait profession de ne croire ni aux choses ni aux substances, et quand on prononce le nom d'un objet on sous-entend que cet objet dont on parle n'est rien de plus qu'un foyer de concentration de qualités ou de phénomènes. Bref, ne cherchez rien au delà de ces

phénomènes ou de ces qualités, car il n'est véritablement rien
en dehors d'elles. Et de même l'esthète de nos jours dira : Ne
cherchez à ces formes indécises qui flottent et fuient aucun
sujet d'adhérence ; cela vous instruirait. Cela n'ajouterait rien
à la sensation d'art qui mérite d'être éprouvée pour elle-même
et dont l'occasion pourrait bien n'être pas la vraie cause.
Désintéressez-vous du sujet, de la chose traitée ou représen-
tée. Ne cherchez point de quoi l'on parle puisque l'artiste n'a
voulu nous parler de rien ni de personne. Regardez. Lisez.
Laissez la couleur s'imprimer sur votre rétine et laissez
la sonorité du verbe cheminer jusqu'aux fibres de l'oreille
interne. Des images vont surgir : laissez-les défiler sans leur
poser de question indiscrète. Il est des moments de demi-
sommeil où l'on sait que l'on rêve sans savoir de quoi l'on
rêve. On n'a point le temps de le savoir. Sous le regard qui la
fixe, la scène change et toujours elle échappe à la prise du
regard. Et c'est pourquoi les écrivains qui s'essayent à dire
ces rêves évitent le substantif : ils ont vu, ils ont entendu.
Mais l'axiome métaphysique qui exige à toute qualité, pour
support, une substance, n'a force de loi que pendant la veille.

Si tel est le mode d'action que nos jeunes esthètes souhaitent
à leurs poésies, on n'aura guère de peine à démontrer que tel
est aussi le mode d'action de la musique. Lorsque Charles
Baudelaire entendit pour la première fois le prélude de *Lohen-
grin*, œuvre purement symphonique, il se figura « l'immensité ». Et il ajoute, dans son très curieux commentaire : « l'immensité sans autre décor qu'elle-même ». Et c'est par où ce
commentaire nous paraît singulièrement instructif. Jamais les
propriétés suggestives de la musique n'ont été mieux saisies,
car jamais on n'a mieux montré la différence entre les choses
représentées et les choses suggérées, lesquelles peuvent se
passer précisément d'être du genre *objet* ou *chose*. Baudelaire
entend et ne voit rien. Il ne voit rien, en effet, puisque l'impression d'immensité qu'il lui arrive de ressentir est de
l'ordre purement spatial et que l'espace, ainsi qu'on le soute-
nait dans l'école d'Aristote, relève du « toucher autant que de
la vue ». Bref l'impression de Baudelaire reste « générale »
sans qu'on puisse dire quel est celui des sens auquel elle res-
sortit. Elle produit un germe de sensation bien plutôt qu'une

sensation véritable. Les tendances de l'imagination s'éveillent, ainsi qu'il nous est arrivé de dire tout à l'heure, mais aucune image ne s'est formée. Et pourtant la fantaisie travaille : car cette impression d'immensité n'est pas venue à l'improviste. Elle accompagne le *fortissimo* du prélude. Mais quand se sont fait entendre les premières notes, les notes suraiguës des violons, l'impression était tout autre. Baudelaire nous raconte qu'il s'est senti « dégagé des liens de la pesanteur ». Il a donc éprouvé une sorte de vertige auriculaire. Et l'imagination a généralisé l'impression. Ainsi pendant qu'il entendait l'œuvre du musicien, le poète travaillait à sa manière sur cette œuvre et la commentait en essayant de noter et de fixer ses impressions successives. Son âme « voltigeait ». Entre elle et l'âme du compositeur se nouait un lien de sympathie d'autant plus fort que l'audition du musicien par le poète équivalait à une collaboration véritable.

On aimerait maintenant à se redire les stances du dernier des « Arts poétiques », de celui qui commence par :

> De la musique avant toute chose...

et qui finit par :

> Et tout le reste est littérature [1].

Et quand on aurait fini de se réciter cette mémorable poésie de Verlaine, on lui trouverait peut-être un sens que ne lui eût jamais donné le poète, un sens plausible néanmoins, et qui mériterait de n'être pas rejeté. Lequel ? Nous l'avons développé dans ces dernières pages et plus d'un lecteur estimera peut-être que sans avoir expressément visé l'*Art poétique* nous l'avons, quand même, commenté d'assez près.

1.
> De la musique avant toute chose
> Et pour cela préfère l'impair
> Plus vague et plus soluble dans l'air
> *Sans rien en lui qui pèse ou qui pose.*

Voici les deux dernières strophes :

> De la musique encore et toujours
> Que ton vers soit la chose envolée
> Qu'on sent qui fuit d'une âme en allée
> Vers d'autres cieux à d'autres amours.

> Que ton vers soit la bonne aventure
> Éparse au vent crispé du matin
> Qui va fleurant la menthe et le thym
> *Et tout le reste est littérature.*

Il ne nous reste plus qu'à conclure sur les affinités de l'esthétisme et du wagnérisme. Nous donnerons tout d'abord raison à ceux qui, plaidant la cause de l'art suggestif, assurent que le jour où ils l'auraient gagnée, ils auraient séparé définitivement la poésie de la « littérature » et l'auraient rapprochée de la musique[1]. Et puisque le mode d'action propre à la musique n'est jamais plus transparent qu'à travers les textes musicaux de Wagner, — détachés de leur contexte poétique, mais c'est ainsi qu'ils nous sont parvenus tout d'abord, — l'esthétisme contemporain, pour ne dériver point du wagnérisme, n'a décidément point tort de vouloir s'y rattacher.

LIONEL DAURIAC.

1. Encore une fois nous avons réservé la question de savoir dans quelle mesure la réforme était à désirer. Nous sommes d'une génération dont les représentants les plus illustres ne l'auraient nullement désirée, la jugeant impraticable. Il se pourrait néanmoins qu'il en fût de cette réforme (?) comme d'un grand nombre d'autres, où le réformateur visant un but, le manque, mais non sans en atteindre un autre et non sans produire des résultats durables encore qu'il ne les ait prévus ni voulus. La poésie peut-elle s'opposer à la « littérature » ? Doit-elle renoncer à désigner des « choses », à exprimer des idées ? Et si la désignation des choses et l'expression des idées y sont un accessoire, cet accessoire n'est-il pas indispensable ? La question est posée et depuis longtemps les paris sont ouverts.